*trote*
Jheferson Rosa

cacha
lote

*trote*

Jheferson Rosa

este livro é pro raul;
e pras leituras de beta, cora, paulinho e dheyne

*Uma frase em cada linha. Um golpe de exercício.*

Ana Cristina Cesar

*Existe um ser que mora dentro de mim como se fosse a casa dele, e é. Trata-se de um cavalo preto e lustroso que apesar de inteiramente selvagem — pois nunca morou antes em ninguém nem jamais lhe puseram rédeas nem sela — apesar de inteiramente selvagem tem por isso mesmo uma doçura primeira de quem não tem medo: come às vezes na minha mão. Seu focinho é úmido e fresco. Eu beijo o seu focinho. Quando eu morrer, o cavalo preto ficará sem casa e vai sofrer muito. A menos que ele escolha outra casa e que esta outra casa não tenha medo daquilo que é ao mesmo tempo selvagem e suave. Aviso que ele não tem nome: basta chamá-lo e se acerta com seu nome. Ou não se acerta, mas, uma vez chamado com doçura e autoridade, ele vai. Se ele fareja e sente que um corpo-casa é livre, ele trota sem ruídos e vai. Aviso também que não se deve temer o seu relinchar: a gente se engana e pensa que é a gente mesma que está relinchando de prazer ou de cólera, a gente se assusta com o excesso de doçura do que é isto pela primeira vez.*

    Clarice Lispector, *Uma aprendizagem ou O livro dos prazeres*

.TRINTA-E-OITO

>2017
estou morando em uma casa cedida
ela é decô e está viva ao lado de um edifício
em destroços

moro com meu primo, a polícia está em sua caça
a gente divide o quintal com um traficante

e agora com você

é o início

>no dia 6 de dezembro meu primo me acordará
e estará chovendo quando meus olhos se abrirem

anotarei no caderno *estar chuvendo é o mesmo que ter
cavalos em trote no telhado*

serei levado até a sala da casa
meu corpo atravessará o vão da porta
meu primo colocará uma .38
nos meus olhos

*estará chovendo quando meus olhos abrirem*

é o início

## SEGUNDA BALA

>no dia 5 de dezembro
me proponho a encontrar a chuva em ficção, quero escrever um poema

SÃO PEDRO é quem escreve a chuva
ele abre as comportas do céu e deixa que os cavalos
saiam em trote

*os cavalos no telhado*     o barulho da chuva
são a ficção *dele*

>no dia 5 de dezembro me proponho então
a encontrar o trote em ficção, quero escrever um poema,
mas o trote de verdade não me deixa pensar

então que SÃO PEDRO me escute *retire os cavalos do pasto*
*quero adestrá-los onde o poema habita,*

ele me ouve, ele fecha as comportas, ele diz
*é o silêncio*     *quem está caindo do céu agora*

então as comportas do poema se abrem

\>no dia 6 de dezembro, não me proponho a nada
durmo nas comportas do poema e acordo com o céu em queda
meu primo me chama

os cavalos estão soltos mais uma vez

## TERCEIRA BALA

>no dia 6 de dezembro sou levado até a sala da casa e *ele*
coloca uma .38 nos meus olhos

em seguida retira dizendo
*é uma brincadeira, primo,*

*quer ver quanto pesa?*

dos meus olhos elas partem
para as mãos

sinto sua forma, sua doçura pesada
e bonita

essa doçura
que só as coisas que matam parecem possuir

ele guarda a .38 na mochila *quer ver*
*quanto pesa?*

QUARTA BALA

>estamos esperando o uber e estamos indo na mesma
direção

estamos esperando o uber e digo      *minha cabeça*
*anda cheia demais*

ele aponta para a mochila e diz      *isso que é andar*
*com a cabeça cheia*

me sinto baldio nesta hora,
é assim: primeiro falta ar, depois a memória da
brincadeira de horas antes preenche o nada

é assim
um peso sobe sobre o peito, não consigo
vê-lo ou tocá-lo
apenas senti-lo

depois das horas, a memória são os anos

é assim
meu primo almoça na mesa, depois vai capinar a roça
manusear ferramentas de corte

entre as ferramentas
o enxadão/ a foice/
a enxada/ o facão e
vejo

sua presença aqui é ferramenta de corte, e há
um corte muito grande nestas memórias

&gt;poderia dizer para ele *meus livros querem ser filhos de arma*

na espera
ou *tudo que um dia escrevi*
*nasceu da violência*
na espera

volto ao poema do dia 5 e sua doçura *pesada*
e *bonita*

>o uber chega,
não sei bem o quão longe
podemos ir

sinto que estou perdido no escuro e alguém me guia
pelas mãos

sim, estou segurando suas mãos, leitor

>uma arma na cabeça do poema, *uma brincadeira,
primo!*

olhando ali dentro do cano como se observasse o
apagar de luzes das coisas

olhando ali dentro do cano como se observasse
apenas isso

meu rosto no vidro do carro eu lembro eu lembro

meu primo queria me mostrar algo
uma breve pausa,　　　em ficção

>ele ajusta o telescópio na direção de um buraco negro

depois coloca o cano do telescópio nos meus olhos
e pergunta *você vê estrelas?*

respondo *nem aquela cadente que não se via*
*há muito tempo*

\>supernova, ele diz

é uma estrela maciça que em algum momento
da vida explode para brilhar intensamente
e depois desaparecer lentamente

nebulosa, ele diz

é uma nuvem interestelar de poeira e outras coisas
ligadas ao tempo, podemos nos sentar aqui e ver os pilares
da criação

aponta o telescópio

os pilares são chamados assim
porque é o que vemos quando olhamos para eles
a criação é um sobrenome, ele diz

o sobrenome nasceu do berço de estrelas
na nebulosa da águia    onde ficam os pilares

os pilares da criação são uma *nebulosa extinta*
observá-los hoje é viajar no antes

*nas horas antes e nos anos antes*

a memória são eles agora

>uma breve pausa

breve, para falar do tempo de antes e de agora, *podemos nos sentar aqui?*

o tempo que nasce
e o tempo extinto
uma breve pausa

porque meu primo coloca uma arma nos meus olhos e pergunta
*você*
*vê estrelas?*

respondo *nem aquela cadente que não se via há muito tempo*

>no uber me sinto baldio
não é fome, eu conheço a fome

me sinto baldio
mas não é frio, eu conheço o frio

anos mais tarde escreveria que estou
vivendo as horas frias agora,

ainda

>o vazio da cabeça desceu para a barriga feito um câncer
é isso

mas a cabeça continua sendo     oficina do diabo
vazia

o diabo ocupa este espaço
como uma criança ocupa o ventre,
não o vemos, nomeamos

só nos fere aquilo que não tem nome

>a cabeça do meu primo está ocupada agora
uma criança travessa se esconde no vazio
e aos poucos impõe sua influência


meu primo não a nomeia, por isso ela cresce


>minha cabeça está vazia,
e vejo-a flutuar aos olhos do diabo que cresce em sua mente
este vazio é nosso e nos engole


meu primo diz   vou te deixar por aqui    e desço
do carro
meu primo diz   vou buscar algo que me pertence
o diabo diz


então caminho até os pés doerem


o vazio se preenche aos poucos enquanto caminho,
e sinto os passos do diabo me ocuparem
a fome   a sua fome


e aos poucos minha cabeça também vai sendo ocupada,
este vazio é nosso e se sacia

## TRÊS HORAS DA TARDE

o diabo toma um café, restam duas balas

## QUATRO HORAS DA TARDE

o diabo faz um movimento

## MAIS HORAS MAIS TARDE

>escrevo sobre o movimento: meu primo matou duas pessoas
e foi preso

na arma e no poema     *minhas digitais*

>no dia 6 de dezembro meu primo me acorda e está chovendo

no dia 6 de dezembro ele coloca uma .38 nos meus olhos
depois retira dizendo     *é uma brincadeira, primo*

no dia 6 de dezembro ele pergunta se vejo estrelas,

no dia 6 de dezembro ele deixa que eu segure a .38
*sua doçura pesada e bonita*

no dia 6 de dezembro ele me dá carona nas mãos
e conheço o leitor,

no dia 6 de dezembro caminho até os pés doerem
e conheço o diabo, anjo que me diz     *vá ser gauche*

>no dia 6 de dezembro ele me leva ao fim do poema do dia 5
e selo durante o trote um cavalo negro

e guardo ele nas comportas que lentamente se fecham aqui

no dia 6 de dezembro ele assalta uma loja e mata duas pessoas
é preso em flagrante

no dia 6 de dezembro meu primo coloca uma .38 nos meus olhos
horas depois atira em duas pessoas e     *por que
não eu? o atirador/ a vítima*

no cabo da .38 e neste poema estão minhas digitais

>relatório de depoimentos

vovó *ele se defendeu*
mamãe *ele não é mais meu bem*
titia *é ele sim, os olhos fundos*
*na fotografia*

meu depoimento *o poema do dia 5*

POEMA DO DIA CINCO OU SHIRLEY HUGHES, MÃE DE ANTHONY HUGHES, LÊ UM POEMA PARA JEFFREY DAHMER

>JEFFREY é um serial killer que assassinou dezessete garotos
um dos garotos é ANTHONY HUGHES, filho de SHIRLEY HUGHES
e SHIRLEY HUGHES lê um poema para JEFFREY

JEFFREY não esboça reação
ele culpa o amor, apenas
sádico e perverso mas     *o amor, ainda*

JEFFREY pensa nos procedimentos de ter alguém
por todo o sempre e
inveja a mãe de ANTHONY, por tê-lo em um poema

JEFFREY pensa em um amante por todo o sempre
congelado junto ao tempo     *a nebulosa extinta*
podemos nos sentar aqui?

>um dos procedimentos JEFFREY conhece
no programa de tv 60 minutes — algumas pessoas
congelam a seco seus animais de estimação

e JEFFREY tem uma ideia, levantar fundos e comprar
uma dessas máquinas para colocar um daqueles garotos
isso custaria cerca de trinta mil dólares

e ele começa a pensar que não será possível
começa a pensar em um amor que apodreça
algo como tirar à força *o filete de sangue nas gengivas*

ele começa a pensar num corpo amado que apodrece
e inveja a mãe de ANTHONY por ainda tê-lo em um poema


>os outros procedimentos, todos eles
apresentam falhas, algumas contornáveis, mas as palavras — a maior delas


em nenhum dos metódos JEFFREY DAHMER saberia o que é     *eu te amo*


ele abraçaria e beijaria meninos vivos ou mortos em amor inconfesso
por todo sempre *a nebulosa extinta*
e o mais perto que JEFFREY chegaria de ser amado era agora
S. H, *mãe de* A. H., *lê um poema para* JEFFREY DAHMER


>o poema, procedimento quase ideal, onde a voz de ANTHONY
aparece
tão presente que JEFFREY chega a sentir seu cheiro, uma última vez


e ainda que A.H. já tenha partido, o texto de S.H.
com toda certeza *congela junto ao tempo*          o filho extinto


>eu poderia ter dito *meus livros querem ser filhos de armas*
nesta hora


SHIRLEY HUGHES faz um poema          *filho de armas*

e guarda ANTHONY por todo o sempre para si
e anoto uma arma *pesada e bonita* que mata duas pessoas

e agora sinto esta doçura mais uma vez, me levando ao chão,
revivendo o garoto preferido de JEFFREY DAHMER

SHIRLEY HUGHES, mãe de ANTHONY HUGHES, lê um poema
que apesar de se destinar a JEFFREY, traz em sua última frase

[...] *quando você chorar, tome uma lágrima e
coloque-a ao vento/ dois dedos... eu te amo, mãe.*

e nesse momento troca-se o caminho       *o trote*
com o qual todo o texto percorre

então SHIRLEY HUGHES, lê um poema para JEFFREY
e dedica o poema a si mesma

os dedos – língua de sinais, ANTHONY era surdo

dois dedos...
eu te amo, mãe.

# PROCEDIMENTOS

\>o procedimento
que a polícia científica utiliza para identificar se uma arma
foi usada em mais de um crime se chama balística forense
nela se estuda um banco de dados de uma coisa chamada *raia*

a raia de uma arma é como se fossem digitais
cada arma possui uma raia única

na natureza encontramos esse tipo de característica
na mancha na cauda das baleias

\>na balística forense
o calibre de uma arma é equivalente ao diâmetro de sua alma

uma arma de fogo possui digitais e também *alma*

*meus livros querem ser filhos de arma*

\>a polícia científica leva a arma apreendida para destruição
e acredita-se que a história se encerra nos restos de aço e madeira extintos

acredita-se que estão vivas através da ficção, escrita
nas digitais do último tiro *na raia*　　　um projétil que atinge um corpo
　　　　　　　　　　　　　　　　　　　passa a ser chamado de pétala

mas isso não tem nada a ver com o procedimento,
é só mais uma suspeita

>o procedimento
me faz lembrar de WILL EISNER e seu estudo daquilo que é inanimado
e existe enquanto agente ou testemunha do mundo e assim respira
*na ficção*

seu estudo era similar ao da polícia científica
e de alguma forma     *ao meu*

o procedimento me faz lembrar a carta de WILL EISNER, *flórida, 1987*

WILL EISNER, CARTA FLÓRIDA, MIL NOVECENTOS E OITENTA-E-SETE

>WILL questiona

*o que resta depois que um edifício é demolido?*
última frase de sua carta flórida, 1987

a interação humana libera radiações

WILL diz

*é impossível que [os edifícios] não as tenham absorvido*

mas WILL quer dizer
*eu sei que eles têm alma*

WILL quer dizer
*não sobrou muito tempo*
*para se acostumar com*
*tantas demolições*

para defender sua tese WILL conta a história de quatro personagens

MONROE MENSH
GILDA GREEN
ANTONIO TONATTI
P.J. HAMMOND

como exemplo do processo de afetação dos edifícios
na verdade o processo de     *um*     em específico

um edifício que vive durante oitenta anos
na intersecção de duas grandes avenidas

em sua base cria-se o que WILL nomeia *um invisível acúmulo
de dramas*

nossos personagens formam parte dessa base
penso que

quando a polícia científica estuda a *raia* de uma arma para descobrir
a narrativa por trás da última bala

é também a ficção dos personagens envolvidos o que está em jogo

isso quer dizer   *a base*   do último crime é o que está em jogo
seu *invisível acúmulo de dramas*

WILL conta

>MONROE MENSH trabalha por muitos anos ali na porta do
edifício como voluntário para a caridade juvenil

sente-se culpado por não ter salvo uma criança
que morreu na sua frente na calçada do edifício

e dedica sua vida à caridade, dedica
sua vida e sua morte à caridade, ali
na base invisível do edifício

>GILDA GREEN é casada com um dentista
todas as quartas-feiras vai até a porta do edifício
encontrar seu verdadeiro amor    *um poeta*

eles se conheceram no colégio

os encontros se mantêm por anos, até que um dia
GILDA GREEN não aparece mais

e GILDA GREEN não aparecerá nunca mais,        *o poeta*
sabe disso

e continua esperando, escrevendo poemas, ali
na base invisível do edifício

>ANTONIO TONATTI é um músico, um violinista
que não consegue se dar bem na música
e segue os passos da sua família
trabalhando na construção civil
um dia sofre um acidente e acaba se aposentando

sofre um acidente e acaba voltando ao violino, tudo
que lhe resta é o violino e a paisagem

a paisagem do edifício

ele decide ficar na entrada tocando
para os pedestres

até que seu corpo não resista mais, e sua música passe
a ser mais um fio de ladrilho ali, na base invisível
do edifício

>P.J. HAMMOND assume a empresa de seu pai
decide investir em um grande centro comercial

logo consegue comprar tudo naquela região
exceto o edifício e
por não tê-lo

P.J. HAMMOND o torna sua obsessão, ele passa a visitar
o edifício uma vez por semana, durante anos

até que finalmente consegue comprá-lo, não vou te contar como isso
[acontece
mas a sua obsessão o leva ao *apagar de luzes*, um dia uma construtora
[oferece
comprar o edifício e erguer de seus escombros um outro com seu nome
*hammond*      ele acaba aceitando      ele finalmente se desfaz

se aproxima de uma das janelas uma última vez
e deixa sua sala vazia para sempre

apenas seu nome se detém sobre o concreto, logo abaixo, na base
[invisível do edifício

\>após a demolição do edifício sua alma   *seu calibre*
todo esse        *acúmulo invisível*

faz com que reste ali junto aos destroços o que WILL
chama de *lúgubre cavidade e resíduos de destroços
psíquicos*              de todos nossos personagens

WILL conta o desejo de falar sobre isso em uma carta
e é o início

WILL parte dos destroços de um edifício para construir
sua tese

o que uma .38 nos meus olhos poderia dizer dos
destroços do início da              *minha tese?*

esse é o começo *uma casa decô ao lado de
um edifício em destroços*

*um invisível acúmulo de dramas*         *um trote*
esse é o começo


numa quarta-feira o edifício hammond
é inaugurado sobre a base invisível do edifício anterior

&gt;no dia 6 de dezembro meu primo me acorda
e é também uma quarta-feira inaugural

eu acordo para erguer um monumento, até então sem nome

até então capaz de me ferir

irei nomeá-lo trote

# IDENTIFICANDO SUSPEITOS
## OU REGISTROS DE AMOR, AINDA

>e não sei se aqui sou aquele que investiga mesmo
ou se sou investigado

estou escrevendo poemas sinto que     *me entrego*
neste ato

*o calibre de uma arma define o diâmetro de uma alma*, anotado

entrar num poema com armas escrever é tiroteio etc, anotado

>e SHIRLEY lê um poema para si mesma mas
para o assassino   *amante*   de seu filho ouvir

o leitor ideal é aquele a quem se pode ferir?

>e meu primo atira contra dois homens, o diabo diz
na arma e neste poema   *minhas digitais*   me fazem
cúmplice

um parceiro de dança única com as pernas quebradas

>e tem um poema do KENNETH KOCH *variações sobre
um tema de william carlos williams* que é assim

ele põe a casa abaixo, porque as vigas o convidam

ele rega as flores com detergente
porque não sabe o que está fazendo,

ele gasta os fundos acumulados de 10 anos
porque o homem que o pediu estava acabado,

ele te convida para dançar, e quebra sua perna
ele quebra sua perna, mas esse não é o fim

*uma dança única com as pernas quebradas*

\>vamos aos fatos

JEFFREY DAHMER culpa o amor, o amor sádico e perverso mas
você sabe

SHIRLEY HUGHES lê um poema para o assassino
de seu filho           *dois dedos... eu te amo*

meu primo coloca uma arma nos meus olhos para mostrar estrelas
*nem aquela cadente que não se via há muito tempo*

KENNETH quebra sua perna para vê-la na enfermaria
onde ele é o médico, esse é o fim, o amor sádico e perverso mas     *você sabe*

\>você sabe porque é também meu cúmplice
suas mãos na minha é o que te fazem leitor

todos eles responsabilizam o amor, eu escrevo depoimentos diversos
sou aquele que registra

como quem rega as flores com detergente
não sei o que faço, isso é um *trote*

estou *na espera*

peço para que a chuva pare numa oração
e busco o poema ali no próximo     *trote*

\>dedico uma epígrafe atrasada, somente para você

*j'aimais jusqu'à ses pleurs, que je faisais couler!*

eu também culpo o amor      o amor, *ainda*

**CULPANDO O AMOR**

>para os gregos o amor seria pelo menos sete
na língua latina suprimiu-se em um     *amor*

philautia
o amor próprio

pragma
o amor por um compromisso maior
uma aliança política, por exemplo

philia
um amor platônico, aquele que temos
por nossos irmãos

storge
o amor paterno e materno

agape
o amor verdadeiro que nos deixa mais
próximos da imagem e semelhança de DEUS

ludus
um amor efêmero ligado diretamente
ao prazer

64    eros
o amor ao qual chamamos amor nas línguas latinas
*o amor sádico e perverso mas*

>ludus, com o tempo ou desaparece ou cresce
para eros ou philia

muitos amores começam como eros ou ludus mas
evoluem para pragma

philia ultrapassa eros ou ludus

storge é eterno e poderoso como philia
mas sem ser com seus iguais

eros é associado à imagem de uma criança
vendada que atira

e os latinos dançam no tiroteio
*o amor ainda*

>quando morava naquela casa do setor sul a única forma
de passar o tempo era ficar procurando meios de invadir
um coração

sem violência, sem versos, sem cirurgias
sem cortes

inspirado pela forma como a polícia invadiu minha
casa

apenas armas intestemunhadas e o medo...
mas

não almejo adentrar um coração pelo medo

não almejo adentrar um coração pelo medo ou pelo amor

o amor é indelével e na monocromia da cidade

sou eu, é você...

só que sem você, sem eu...

se você ao menos aceitasse meus presentes

>entrar em um coração *não pelo medo ou pelo amor*
pela memória

a memória é o lugar *onde os nossos ex se juntam aos mamutes,*
*à celine dion e ao windows xp*, foi o que GOLGONA ANGHEL disse
em seu livro    *nadar na piscina dos pequenos*

sempre achei que a memória fosse uma piscina rasa
onde morreremos todos por não conseguir ficar de pé

>vi um vídeo da primeira bailarina
de nova york ouvindo TCHAIKOVSKY — *swan lake*

ela tem 70 anos e sofre de alzheimer

ao ouvir swan lake suas mãos fazem movimentos
a memória do corpo acessa o coração    *na dança*

no meu texto *notas sobre uma ida a psiquiatra*
do livro *dança comigo enquanto eles dormem*

questiono *lembrar não é dizer que se importa?* neste cenário
a lembrança é chuva    *trote*    dança comigo?
swan lake

UM LIVRO FILHO DE ARMAS

>a construção de um poema
é bastante simples, se assemelha à construção
de uma parede

uma palavra, outra, depois mais uma, encaixadas
isto são tijolos

já a construção de um livro
se assemelha ao processo de construção de uma casa

um poema, outro, depois mais um
isto são paredes

mas isto apenas não basta
precisa de algo que dê liga ou ele desaba

isto é            *não sei ainda*

>MANOEL DE BARROS menciona em *livro sobre nada*

MANOEL DE BARROS menciona no prefácio chamado
*pretexto*

que o maior desejo de FLAUBERT era escrever um livro
sobre nada

um livro que se sustentasse apenas pelo estilo
isto são telhas

DEPOIS MANOEL diz que *livro sobre nada* é o nada
mesmo, diferente de FLAUBERT

logo: trote!

\>meu livro está mais próximo do nada de FLAUBERT
que ao nada de BARROS

FLAUBERT escreve para sua amiga que queria escrever
um livro sobre nada

e essa carta se torna pública

MANOEL DE BARROS escreve um livro sobre nada
e é o nada mesmo

\>escrevo um livro para meu primo na intenção
de construir uma casa

que não tenha um edifício em destroços
uma .38 ou um traficante ou uma doçura fatal

um livro que seja uma casa mesmo *apenas os trotes
no telhado*

dentro do nada de rosa das neves

e acho que o nada mesmo é a única coisa que
pode dar liga ao livro

isto é *um invisivel acúmulo de dramas*
agora sei

# A HISTÓRIA DA PALAVRA CASA

>quando tinha 3 anos ou menos meus pais tiveram
que mudar de casa

porque os lobos farejaram o sangue de papai
essa é a história da palavra casa

fugimos, e a primeira casa ficou para eles

levaram o telhado, as janelas, as portas, e até mesmo
a pedra gigante que ficava na entrada, os lobos

se apossaram e a transformaram numa boca de fumo,
essa é a história da palavra casa

>das casas em que morei o que restou são destroços

>a casa na rotatória
onde muitos cachorrinhos foram atropelados
virou uma reciclagem

muito lixo se projeta na calçada

na calçada também abandonada sob o sol
a bosta seca de um cachorrinho morto

já vi cenas parecidas com essa foi
o que pensei ao passar ali e ver     *o tempo extinto*

>a casa na invasão
era uma casa improvável
construída de madeira
e do resto das últimas coisas que tínhamos
carregado conosco

*depois de tudo*

>aquilo foi devastador quando houve o tiroteio
e mamãe achou a sacola com dezessete pinos
de cocaína

aquilo foi devastador quando a patrola da prefeitura
botou abaixo nosso sonho

e jogou nossas coisas na rua
e durante umas horas figuramos a rua como nossa
nova casa

devastador quando a polícia invadiu a primeira casa
e matou os lobos

desengasgando o uivo contido de minha família
essa é a história da palavra casa

>voltamos para lá
quase que carregando apenas a roupa do corpo
e a sacola

com os dezessete pinos de cocaína que
concretamos na pilastra da área

para nunca esquecer que tivemos opção quando
já não tínhamos nenhuma opção

e que mesmo tendo
não a escolhemos

nós voltamos e dormimos sob a luz da lua

como a bosta seca do cachorro morto sob o sol
da casa na rotatória

sem telhado

a primeira casa parecia adotar um abandono
a gente dormindo no chão
como um espelho das estrelas

e olhei para as estrelas imaginando-as desalojadas
também

>uma vez me disseram *nossa casa é onde o coração está*

meu coração está preso dentro desta caixa
nesta caixa torácica e preta

que quando aberta para fins de autópsia, imagino
não esconder

paredes telhados portas ou uma janela
aberta

talvez aquela pedra gigante ou talvez lobos
ou pinos de cocaína

mas tijolos não, casa não
talvez espaço negro e vazio
talvez pandora

*uma estrela cadente que não se via há muito tempo*

casa, não

## SWAN LAKE
## OU A ESTRELA CADENTE QUE NÃO SE VIA HÁ MUITO TEMPO

*Não sei se me interessei pelo rapaz*
*por ele se interessar por estrelas*
*se me interessei por estrelas por me interessar*
*pelo rapaz hoje quando penso no rapaz*
*penso em estrelas e quando penso em estrelas*
*penso no rapaz como me parece*
*que me vou ocupar com as estrelas*
*até o fim dos meus dias parece-me que*
*não vou me deixar de me interessar pelo rapaz*
*até o fim dos meus dias*
*nunca saberei se me interesso por estrelas*
*se me interesso por um rapaz que se interessa*
*por estrelas já não me lembro*
*se vi primeiro as estrelas*
*se vi primeiro o rapaz*
*se quando vi o rapaz vi as estrelas*

Adília Lopes
"A propósito de estrelas", Dobra, edição Assírio & Alvim

>meu primo coloca uma arma nos meus olhos
e pergunta                    *você vê estrelas?*

esse é o começo     *logo após ao primeiro trote*

>onde estão? me pergunto todo dia
onde estão as estrelas cadentes?

morando na cidade grande é preciso vasculhar as gavetas
e escrever

as imagens das luzes percorrendo o vidro do automóvel
ao se mover pela cidade

é preciso vasculhar as imagens das gotas de chuva
percorrendo meu rosto ao se mover pela cidade

penso que há uma estrela no silêncio talvez

*são pedro feche as comportas
encerre o trote*

mesmo que o trote anuncie a sua vinda
estrelinha estrelinha

lembro de um mergulho na piscina
*nadar na piscina dos pequenos*          onde está
a memória

o trote aumenta mais uma vez     *lembro de mim*
buscando o poema na parte funda da piscina

ao afundar primeiro se brinca o ar nos pulmões
*se cultiva o sentimento de explosão*, para detonar tudo
dentro e fora desta caixa torácica

o coração é onde a casa está, não o contrário
no coração há uma estrela talvez

>a casa é decô e está ao lado dos destroços
de um edifício, WILL chamaria de      *lúgubre cavidade*
*de destroços psíquicos*

mas essa memória é minha casa e palpita *esta é a história*
*da palavra casa*

quando voltamos para a superfície as imagens
são a de viver de novo mais uma vez

>no dia 7 de dezembro o trote se encerra
e recebo uma ligação

um pontinho de luz em algum lugar do meu país
eu me lembro

luzinha que se sabe, desligou-se um dia
e chora ou, assustada, solamente

dá risadinhas murchas e desesperadas e lê poemas
ao telefone

poderia estar segurando uma arma nesta hora

poderia até mesmo as rédeas de um cavalo selvagem
o impacto            de quando nos dissipamos
na memória um do outro

é o mesmo impacto quando nos refazemos
na memória um do outro      *swan lake*

>no dia 7 de dezembro encerro o trote, eu mesmo
e recebo uma ligação

alguém que liga do nada e passa a madrugada nos seus ouvidos
*um trote*

aquela voz
*aquela voz*

a estrela cadente que não se via há muito tempo

*esta casa não é uma casa... isto é uma história*

Gabriel Joaquim dos Santos, *Casa da flor*

*casa decô, portugal com a assis*

*casa da rotatória, r. marselha*

*casa do st. sul, viela 94 F*

*a primeira casa*

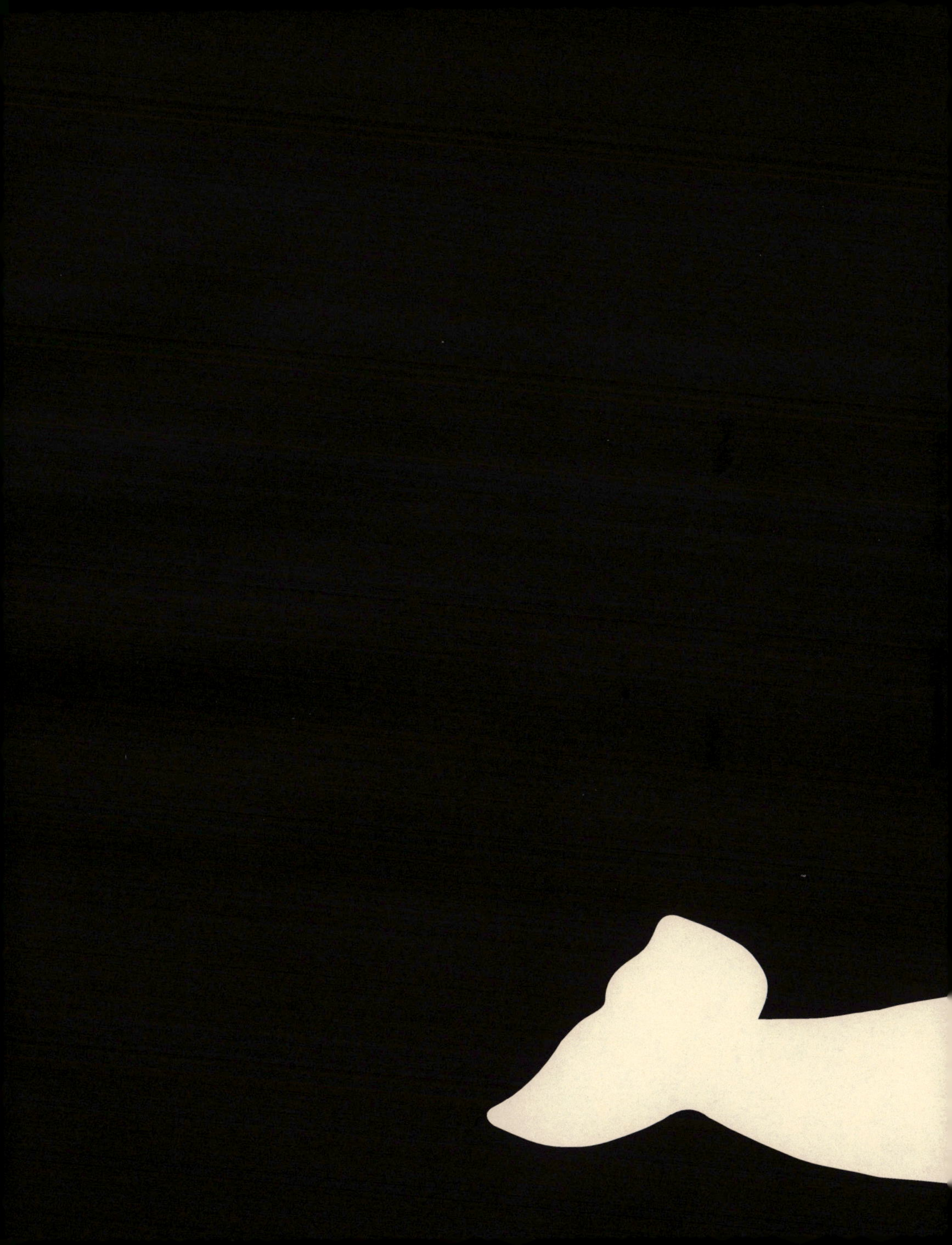

CARA LEITORA, CARO LEITOR

A **Cachalote** é um selo do grupo editorial **Aboio** criado em parceria com a **Lavoura Editorial**.

Lemos, selecionamos e editamos com muito cuidado e carinho cada um dos livros do nosso catálogo, buscando respeitar e favorecer o trabalho dos autores, de um lado, e entregar a vocês, leitores, uma experiência literária instigante.

Nada disso, portanto, faria sentido sem a confiança que os leitores depositam no nosso trabalho. E é por isso que convidamos vocês a fazerem cada vez mais parte do nosso oceano!

Todas as apoiadoras e apoiadores das pré-vendas da **Cachalote**:

— **têm o nome impresso nos agradecimentos dos livros;**
— **recebem 10% de desconto para a próxima compra de qualquer título do grupo Aboio.**

Conheçam nossos livros e autores pelos portais cachalote.net e aboio.com.br e siga nossos perfis nas redes sociais. Teremos prazer em dividir com vocês todos nossos projetos e novidades e, é claro, ouvir suas impressões para sempre aprendermos como melhorar!

Embarque e nade com a gente.

**Cada livro é um mergulho que precisa emergir.**

APOIADORAS E APOIADORES

Agradecemos às 180 pessoas que confiam e confiaram no trabalho feito pela equipe da **Cachalote**. Sem vocês, este livro não seria o mesmo.

A todos os que escolheram mergulhar com a gente em busca de vozes diversas da literatura brasileira contemporânea, nosso abraço.

E um convite: continuem acompanhando a **Cachalote** e conheçam nosso catálogo!

Adriane Figueira Batista
Alda Alexandre
Alex de Souza Neves
Alexander Hochiminh
Allan Gomes de Lorena
Alliny Castro Silva
Allyce Ferreira Rocha
Ana Lobo de Oliveira Andrade
André Balbo
André Costa Lucena
André Pimenta Mota
Andreas Chamorro
Andressa Anderson
Andru Raykah
    Rodrigues Almeida
Anthony Almeida
Antonia de Paula Ribeiro
Antonio Pokrywiecki
Arthur Lungov
Beta Maria Xavier Reis
Bianca Monteiro Garcia
Breno Robert dos Santos Sena
Bruna Cruz
Bruno Souza Destéfano
Caco Ishak
Caio Balaio
Caio Girão
Calebe Guerra
Camilo Gomide
Carla Guerson
Carmem Lucia Pereira Barros
Cardoso Lopes

Cecília Garcia
Cintia Brasileiro
Ciro Gonçalves
claudine delgado
Cleber da Silva Luz
Cristina Machado
Dairan Lima
Daniel Barbosa
Daniel Dago
Daniel Dourado
Daniel Giotti
Daniel Guinezi
Daniel Leite
Daniela Rosolen
Danila Laiana da Silva Mello
Danilo Brandao
Denise Assis Fleury Curado
Denise Lucena Cavalcante
Deusmar Rodrigues Naves
Dheyne de Souza
Dhyemerson Rodrigues Neves
Diogo Mizael
Edineia Pereira da Costa
Eduardo Furbino
Eduardo Henrique Valmobida
Eduardo Rosal
Eliete Della Violla
Enzo Vignone

Erick Soares Ferreira
Erika Buttarello
Gentile de Csmargo
Fábio José da Silva Franco
Fabio Pereira da Costa
Febraro de Oliveira
Flávia Braz
Flávio Ilha
Francesca Cricelli
Fred Gondim
Frederico da Cruz Vieira de Souza
Frederico Vieira
Gabo dos livros
Gabriel Cruz Lima
Gabriel Stroka Ceballos
Gabriela Machado Scafuri
Gabriela Pereira de Lima
Gael Rodrigues
Gilbson Barbosa Sousa
Giselle Bohn
Guilherme Belopede
Guilherme da Silva Braga
Gustavo Bechtold
Gustavo Henrique Mendes Corrêa
Gustavo Olinto e Souza
Henrique Emanuel
Henrique Lederman Barreto
Isabel Helena Nascimento

Jadson Rocha
Jailton Moreira
Jeferson Barbosa de Freitas
Jefferson Dias
Jessica Ziegler de Andrade
João Luís Nogueira
Josilene Silva Campos
Júlia Gamarano
Julia Raiz do Nascimento
Júlia Vita
Juliana Costa Cunha
Juliana Slatiner
Júlio César Bernardes Santos
Kamilly Barros
Laís Araruna de Aquino
Lanah Henning
Laura Redfern Navarro
Leandro de Sousa Neves
Leitor Albino
Leonardo Pinto Silva
Leonardo Zeine
Lili Buarque
Lolita Beretta
Lorenzo Cavalcante
Lucas Almeida
Lucas Ferreira
Lucas Lazzaretti
Lucas Verzola

Luciano Cavalcante Filho
Luciano Dutra
Luciano Martins da Conceição
Luis Felipe Abreu
Luísa Machado
Manoel Messias Araújo Camelo
Manoela Machado Scafuri
Marcela Roldão
Marcelo de Paula Pereira Perilo
Marcelo Francisco da Silva
Marco Bardelli
Marcos Vinícius Almeida
Marcos Vitor Prado de Góes
Maria Clara Ribeiro Cardoso
Maria do Carmo da Cruz Souza
Maria F. V. de Almeida
Maria Inez Porto Queiroz
Maria Jeltrusia Rodrigues Neves
Mariana A. Lima de Araújo
Mariana Donner
Mariana Figueiredo Pereira
Mariana G. de Carvalho Ribeiro
Marianna Paula da Cruz martins
Marina Lourenço
Mateus Magalhães
Mateus Torres Penedo Naves
Matheus Moreira Lima
Matheus Picanço Nunes

Mauro Paz
Milena Martins Moura
Mimi Suzano
Minska
Natacha Ynaê
Natalia Timerman
Natália Zuccala
Natan Schäfer
Otto Leopoldo Winck
Pablo Mathias
Paloma Ripper Cordeiro
    de Azevedo Cóe
Paula Franssinetti
    de Morais Dantas Vieira
Paula Maria
Paulo Eduardo Furtado Lopes
Paulo Manoel Ramos Pereira
Paulo Scott
Pedro Torreão
Pedro Willgner Pereira
    Ribeiro Santos
Pietro Augusto Gubel Portugal
Rafael Mussolini Silvestre
Renata Pereira da Costa
Ricardo Kaate Lima
Rodrigo Barreto de Menezes
Romilton Pereira da Costa
Samara Belchior da Silva

Sâmmarah Patricia
    da Silva Daniel
Sara Albuquerque
Sergio Mello
Sérgio Porto
Thais Fernanda de Lorena
Thalia da Costa Carvalho
Thassio Gonçalves Ferreira
Thayná Facó
Tiago Moralles
Ubiratan Carvalho Costa
Valdir Marte
Walacy Henrique da Silva Net
Weslley Silva Ferreira
Yvonne Miller

PUBLISHER Leopoldo Cavalcante
EDITOR-CHEFE André Balbo
PREPARAÇÃO Arthur Lungov
REVISÃO Veneranda Fresconi
ASSISTÊNCIA EDITORIAL Nelson Nepomuceno
DIREÇÃO DE ARTE Luísa Machado
COMUNICAÇÃO Thayná Facó
COMERCIAL Marcela Roldão
PROJETO GRÁFICO Leopoldo Cavalcante
ILUSTRAÇÃO DA CAPA Bruna Cruz

© da edição Cachalote, 2024
© do texto Jheferson Rosa, 2024
© da ilustração Bruna Cruz, 2024

*Todos os direitos reservados. Nenhuma parte desta obra pode ser reproduzida, arquivada ou transmitida de nenhuma forma ou por nenhum meio sem a permissão expressa e por escrito da Aboio.*

*Grafia atualizada segundo o Acordo Ortográfico da Língua Portuguesa de 1990, que entrou em vigor no Brasil em 2009.*

Dados Internacionais de Catalogação na Publicação (CIP)
Eliane de Freitas Leite — Bibliotecária — CRB-8/8415

Rosa, Jheferson
    Trote / Jheferson Rosa ; [ilustração Bruna Cruz]. -- São Paulo : Cachalote, 2024.

    ISBN 978-65-83003-07-2

    1. Poesia brasileira I. Cruz, Bruna. II. Título.

24-213881                                                    CDD-869.1

Índices para catálogo sistemático:
1. Poesia : Literatura brasileira

[2024]

Todos os direitos desta edição reservados à:
ABOIO EDITORA LTDA
São Paulo — SP
(11) 91580-3133
www.aboio.com.br
instagram.com/aboioeditora/
facebook.com/aboioeditora/

[Primeira edição, julho de 2024]

Esta obra foi composta em Adobe Garamond Pro.
O miolo está no papel Pólen® Natural 80g/m².
A tiragem desta edição foi de 150 exemplares.
Impressão pelas Gráficas Loyola (SP/SP)

A marca FSC® é a garantia de que a madeira utilizada na fabricação do papel deste livro provém de florestas que foram gerenciadas de maneira ambientalmente correta, socialmente justa e economicamente viável, além de outras fontes de origem controlada.